PETITE HISTOIRE DES POLICIERS EN BLOUSE BLANCHE

EN MOINS D'UN SIÈCLE, LA SCIENCE EST DEVENUE L'ALLIÉE INCONTOURNABLE DE LA POLICE. PETIT VOYAGE DANS LE TEMPS...

BALBUTIEMENTS

Au XIXe siècle, les techniques scientifiques sont rarement utilisées pour résoudre les affaires criminelles. Aveux et témoignages font alors office de preuve. Quelques scientifiques, appelés à la rescousse de façon ponctuelle, vont ouvrir la voie. C'est le cas par exemple des médecins Mathieu-Joseph Orfila, spécialiste des poisons, ou de Paul Brouardel, passé maître dans l'art de l'autopsie.

1902 : première identification digitale (en France)

HENRI LÉON SCHEFFER FUT LE PREMIER CRIMINEL À AVOIR ÉTÉ CONFONDU PAR SES EMPREINTES DIGITALES. EN OCTOBRE 1902, APRÈS LE MEURTRE D'UN DOMESTIQUE, LA POLICE A RELEVÉ DES EMPREINTES DIGITALES SUR LES LIEUX DU CRIME QUI SE SONT RÉVÉLÉES CORRESPONDRE PARFAITEMENT AUX SIENNES, PRÉLEVÉES QUELQUES ANNÉES PLUS TÔT, ALORS QU'IL ÉTAIT EN PRISON.

PREMIÈRES TECHNIQUES D'IDENTIFICATION

Alors que les premiers laboratoires de chimie et de médecine légale voient le jour, le policier Alphonse Bertillon met au point, en 1882, une technique pour démasquer les récidivistes. Partant du principe que chaque personne est unique, il entreprend de ficher tous les malfaiteurs arrêtés. Chaque fiche comporte un portrait de face et de profil et 9 caractéristiques physiques (taille, envergure, buste, longueur et largeur de la tête, longueur du majeur, petit doigt, avant-bras, pied et oreille).

graine de savant

piégé par son ADN

textes d'Émeline Lebouteiller
illustrations de Caroline Jaegy

les dessous des enquêtes policières expliqués aux enfants

MILAN
jeunesse

sommaire

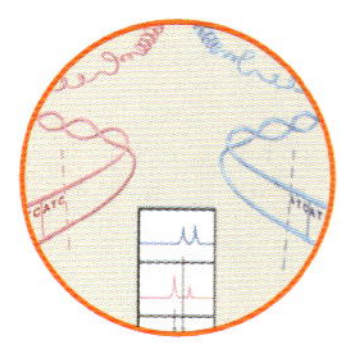

L'ESSOR DE LA SCIENCE

La technique de Bertillon est rapidement détrônée par un procédé plus simple et plus fiable : le relevé d'empreintes digitales. Cette découverte révolutionnaire marque l'entrée de la science au service de la police. En 1910, le médecin Edmond Locard fonde le premier laboratoire de police scientifique. La recherche d'indices, puis leur analyse vont désormais faire partie intégrante des enquêtes policières.

UN COUP DE PIED DANS LA FOURMILIÈRE

Petit à petit, la science devient un outil essentiel dans la lutte contre le crime. À la fin du XXe siècle toutefois, la police technique et scientifique souffre d'une mauvaise organisation et d'un manque de moyens qui l'empêchent d'être réellement efficace. En 1984, Pierre Joxe, le ministre de l'Intérieur, décide de la réorganiser en profondeur : parmi ses mesures phare, la création des services de techniciens de scènes de crimes (TSC) et de techniciens en identification criminelle (TIC).

VOTRE MISSION... SI VOUS L'ACCEPTEZ

PRÉCIEUX AUXILIAIRES DE LA JUSTICE, LES POLICIERS SCIENTIFIQUES SONT AMENÉS À INTERVENIR À CHAQUE ÉTAPE D'UNE ENQUÊTE.

DES HOMMES AU SERVICE DE LA JUSTICE

La police technique et scientifique a pour principale mission d'aider les enquêteurs, en toute impartialité. Autrement dit, elle constate les faits, analyse les indices mais ne désigne pas de coupable. Ça, c'est la justice qui s'en charge. Pour ce faire, elle rassemble les preuves qui pourront être utiles à l'enquête, recherche les auteurs de délits et tente d'identifier les victimes.

UN VASTE CHAMP D'ACTION

S'il y a un métier qui n'est pas monotone, c'est bien celui-là ! Car la police scientifique couvre de nombreux domaines. Meurtres bien sûr, agressions sexuelles, terrorisme, mais aussi trafic de drogue, banditisme, faux documents, suicides. Elle intervient également pour des cas relevant de la petite et moyenne délinquance, comme les cambriolages ou les vols de voitures.

UNE PROFESSION AUX MULTIPLES VISAGES

Lorsqu'un crime est découvert, les techniciens de la police scientifique sont les premiers alertés. Leur mission : collecter tous les indices laissés sur la scène du crime. Ces échantillons sont ensuite envoyés au laboratoire, où des techniciens et des ingénieurs très spécialisés prennent le relais : biologistes, chimistes, physiciens, entomologistes (spécialistes des insectes), odontologistes (spécialistes des dents), etc.

LE DÉROULEMENT DE L'ENQUÊTE

Un directeur d'enquête, placé sous l'autorité du procureur de la République, est désigné dès lors qu'un crime est signalé. Si l'affaire n'est pas rapidement élucidée, on nomme un juge d'instruction chargé de réunir tous les éléments relatifs à l'enquête et susceptibles d'innocenter ou d'inculper les éventuels suspects. Une fois ce travail terminé, le procès peut commencer.
À chaque étape de l'enquête, la police scientifique peut être mise à contribution.

Police ou gendarmerie ?

QUAND UN CRIME SE PRODUIT À LA CAMPAGNE, C'EST LA GENDARMERIE QUI INTERVIENT. EN VILLE, C'EST LA POLICE NATIONALE. POLICE ET GENDARMERIE POSSÈDENT CHACUNE LEURS TECHNICIENS ET LEURS PROPRES LABORATOIRES. LA POLICE COMPTE 6 LABORATOIRES À TRAVERS LA FRANCE. CELUI DE LA GENDARMERIE, L'INSTITUT DE RECHERCHE CRIMINELLE DE LA GENDARMERIE NATIONALE, SE TROUVE À ROSNY-SOUS-BOIS, EN RÉGION PARISIENNE.

Qu'est-ce que c'est ?

C'est le détail d'une empreinte digitale.

SUR LES LIEUX DU CRIME

PROTÉGER LES PERSONNES, PRÉSERVER LES INDICES : TELLES SONT LES PRIORITÉS DE LA POLICE LORSQU'ELLE ARRIVE SUR LES LIEUX D'UN DÉLIT.

LA SCÈNE DU CRIME

Un crime ou un délit se déroule toujours dans un endroit précis. Mais la « scène » désigne bien plus que l'emplacement où gît l'éventuelle victime. Elle inclut tous les lieux pouvant contenir des indices. Il peut s'agir d'une pièce, d'une maison, d'une rue, d'un quartier, d'un champ et même d'une forêt. Sitôt l'alerte donnée, policiers, pompiers, SAMU se rendent sur place. Une véritable course contre la montre s'engage alors…

LE CORDON DE SÉCURITÉ

Avant que la police ne commence son travail d'investigation, les blessés doivent être mis hors de danger et, au besoin, évacués. Puis, la zone du délit est délimitée par un cordon afin de préserver tous les indices. Désormais, seules les personnes autorisées pourront y pénétrer. Les allers et venues seront scrupuleusement consignés dans un journal ainsi que tous les objets qui entrent ou sortent du site.

LE TRAVAIL DU PHOTOGRAPHE

Avant tout prélèvement, la scène du crime est photographiée sous toutes ses coutures. Des vues d'ensemble sont réalisées ainsi que des gros plans des indices et des traces. Cette étape est particulièrement importante en extérieur car les indices (traces de pas dans la neige, gouttes de sang sur l'herbe…) peuvent rapidement être endommagés par les conditions climatiques. Parallèlement, on établit un plan détaillé des lieux, où l'on reporte l'emplacement des meubles et des indices.

QUE RIEN NE BOUGE !

Absolument tous les indices sont numérotés puis photographiés avant de quitter la zone du crime. Pour avoir une idée de leur taille, on place des règles graduées à côté. De même, on mesure la distance entre chaque indice. Ce travail est long et fastidieux, mais il pourra aider, par la suite, à reconstituer la scène du crime.

À chaque lieu sa méthode

LA PROCÉDURE DÉPEND DU LIEU À ÉTUDIER. EN INTÉRIEUR, LA FOUILLE SERA LOCALISÉE, PRÉCISE. EN EXTÉRIEUR, C'EST UNE AUTRE AFFAIRE, SURTOUT QUAND LA ZONE COUVRE UNE VASTE SURFACE. UNE EXPLOSION PEUT RÉPANDRE SUR PLUSIEURS KILOMÈTRES À LA RONDE DES INDICES QUI SERONT BALAYÉS À LA MOINDRE AVERSE. DANS UN SOUCI D'EFFICACITÉ, LES ENQUÊTEURS SE DÉPLOIENT EN LIGNE PUIS RATISSENT LA ZONE À PAS DE FOURMI.

L'ART DE RENDRE VISIBLE L'INVISIBLE

L'ENQUÊTEUR DOIT ÊTRE CAPABLE DE REPÉRER UNE AIGUILLE DANS UNE MEULE DE FOIN. EN EFFET, CHAQUE MENU DÉTAIL PEUT ÊTRE DÉTERMINANT.

LE PRINCIPE DE LOCARD

Dès que la scène du crime est isolée, les techniciens de la police ou de la gendarmerie relèvent tous les indices. Leur recherche s'appuie sur un principe fondamental, la théorie de l'échange, énoncé par Edmond Locard au début du XXe siècle. Ce principe dit qu'un criminel laisse forcément sur les lieux de son forfait des traces de son passage et, inversement, qu' il emporte toujours avec lui, à son insu, des éléments de la scène du crime.

DÉTECTER L'INVISIBLE

Traces de pas, poils, fibres de vêtements, empreintes, salive, gouttes de sang, rien ne doit échapper à l'œil du policier sous peine de compromettre la suite de l'enquête. Or, la majorité des indices retrouvés sur les scènes de crime sont microscopiques, entre 1 et 3 micromètres (1 µm = 0,001 millimètre). Sachant que l'œil humain est capable de détecter des objets mesurant 50 à 70 µm, l'enquêteur doit à la fois avoir du flair et l'œil aiguisé !

Locard : père de la police scientifique

S'IL Y A UN NOM BIEN CONNU DANS LE MILIEU, C'EST CELUI D'EDMOND LOCARD. CE MÉDECIN ET JURISTE EST UN PEU L'« EINSTEIN » DE LA POLICE SCIENTIFIQUE ! PÈRE DE LA THÉORIE DE L'ÉCHANGE, IL CRÉA EN 1910 À LYON LE PREMIER LABORATOIRE DE POLICE SCIENTIFIQUE AU MONDE. *LE TRAITÉ DE CRIMINALISTIQUE* EN SEPT VOLUMES QU'IL RÉDIGEA SERT AUJOURD'HUI ENCORE DE RÉFÉRENCE DANS TOUS LES LABORATOIRES DU MONDE.

SOUS LES FEUX DES PROJECTEURS

Notre œil perçoit les couleurs de l'arc-en-ciel, dont les longueurs d'ondes sont comprises entre 380 nanomètres (pour le violet) et 780 nm (pour le rouge). Pour voir les rayonnements invisibles à l'œil nu, les scientifiques utilisent des appareils tels que les caméras à infrarouge et ultraviolets, la radiographie, la lampe laser. Des empreintes ou des tâches de sang, même nettoyées, peuvent ainsi être révélées.

FORMATION DE POINTE POUR POLICIERS EXPERTS

Identification d'indices, prises de photos, relevés d'empreintes… Les élèves policiers s'entraînent désormais à accomplir tous ces gestes dans un décor virtuel ! Coiffé d'un casque de stéréovision, l'élève est plongé dans une scène grandeur nature où il peut interagir avec tous les objets du décor. Il analyse ensuite sa prestation en visionnant les images avec son professeur et recommence autant de fois que nécessaire !

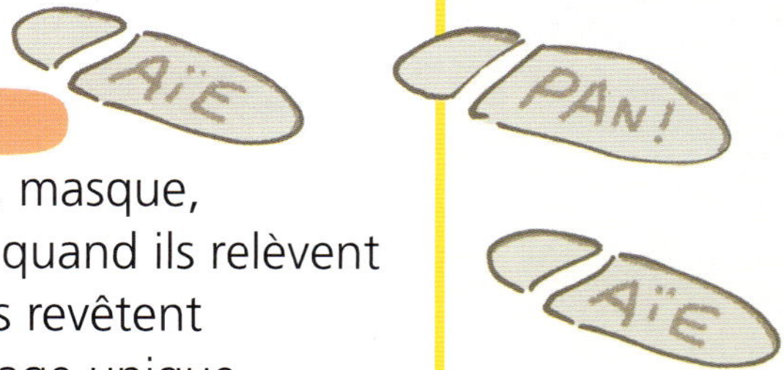

TENUE CORRECTE EXIGÉE

Combinaison, chaussons, masque, bonnet, gants, lunettes : quand ils relèvent les indices, les techniciens revêtent une tenue intégrale, à usage unique, pour éviter de contaminer l'endroit. Il ne faudrait pas que les traces retrouvées proviennent des enquêteurs ! Ainsi, les semelles des chaussons comportent des inscriptions pour que leurs empreintes ne soient pas confondues avec celles qui se trouvent déjà sur place.

L'AFFAIRE EST DANS LE SAC

Chaque indice à analyser est emballé selon une procédure stricte. Les pièces susceptibles de moisir (comme un vêtement imprégné de sueur ou de sang) sont entreposées dans des sacs en papier, les autres (revolver, outils…) dans des sachets en plastique, ou des flacons de verre quand il s'agit de petits éléments (poils, cheveux…). Puis, l'emballage est scellé et étiqueté avec la date, le jour, l'heure et la personne qui s'est chargée de son conditionnement.

Cherche les erreurs

UN CRIME VIENT D'ÊTRE PERPÉTRÉ. LES ENQUÊTEURS ET LE MÉDECIN LÉGISTE ARRIVENT AUSSITÔT SUR LA SCÈNE, PUIS ISOLENT LA ZONE AVANT DE PROCÉDER AUX PREMIÈRES CONSTATATIONS. MAIS ILS ONT, SEMBLE-T-IL, OMIS QUELQUES PRÉCAUTIONS. SAURAS-TU TROUVER LES 7 ERREURS QUI SE SONT GLISSÉES DANS CE DESSIN ?

RÉPONSES :
La main sur le mur, le pull mohair, les chaussures du photographe, la moutarde dans le sandwich, le médecin qui se trompe de patient, le chat qui lèche la main de la victime et le chien qui lui vole une chaussure.

Qu'est-ce que c'est ?

C'est un cheveu humain grossi 500 fois.

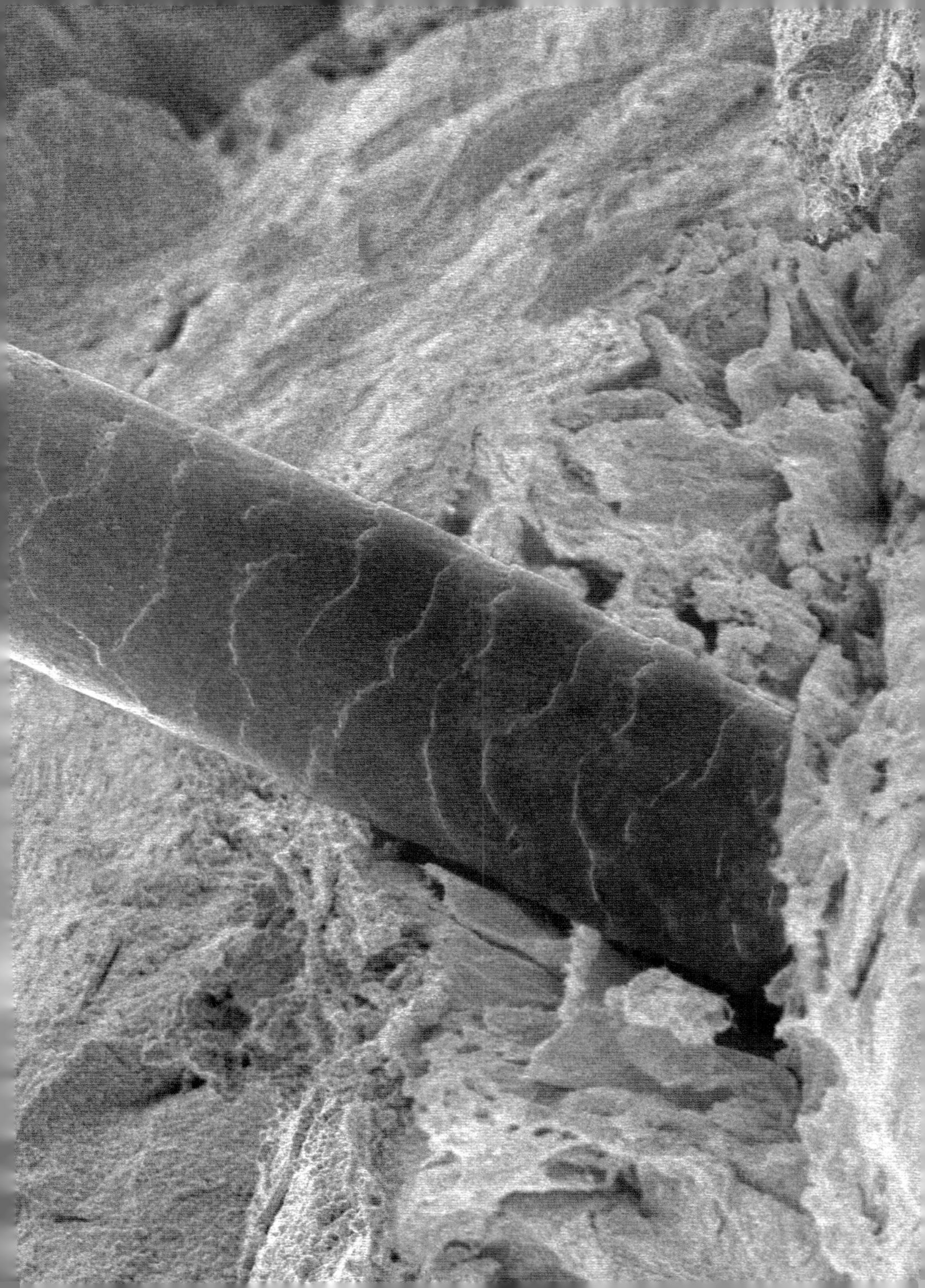

LE CADAVRE À LA LOUPE

ON VIENT DE DÉCOUVRIR UN CADAVRE. LE MÉDECIN LÉGISTE CONSTATE LE DÉCÈS ET TENTE DE DÉTERMINER À QUEL MOMENT IL EST SURVENU.

LA TEMPÉRATURE DU CORPS

Pour définir l'heure du décès, le médecin dispose de plusieurs indicateurs. Tout d'abord, la température du corps. Habituellement de 37 °C, elle chute d'environ 1 °C par heure, jusqu'à descendre à la température ambiante. Il s'agit donc d'un bon indicateur si la mort est récente. Mais certains éléments peuvent fausser les estimations : les conditions climatiques (vent, humidité…), la température initiale du sujet (était-il malade ?), ou certains vêtements qui conservent mieux la chaleur.

RIGIDITÉ CADAVÉRIQUE

Environ 3 heures après la mort, les muscles se raidissent, à commencer par ceux de la nuque. Appelée rigidité cadavérique, cette contraction gagne peu à peu l'ensemble du corps pour atteindre son maximum à la 8e heure. Puis elle diminue progressivement, jusqu'à disparaître, quand la putréfaction, c'est-à-dire la décomposition du corps, commence.

L'EXAMEN DES LIVIDITÉS

Après la mort, le sang cesse de circuler. Il s'échappe des vaisseaux et s'accumule par gravité dans les zones les plus basses ne subissant aucune pression, (comme la nuque si le sujet est allongé sur le dos). Appelées lividités cadavériques, ces marques violacées apparaissent 2 à 4 heures après le décès. Elles fournissent donc de précieuses indications sur l'heure de la mort. Si des lividités sont visibles là où il ne devrait pas y en avoir, cela permet aussi d'affirmer que le cadavre a été déplacé.

LA PEAU ET LES YEUX

Environ 48 h après le décès, la putréfaction du corps commence. Une tâche verte apparaît alors au niveau de l'abdomen. Par ailleurs, l'examen de l'œil permet d'estimer le moment de la mort. Lorsque les yeux de la victime restent ouverts, leur surface devient de plus en plus opaque. Le médecin peut également mesurer la teneur en potassium de l'œil, qui augmente pendant les jours qui suivent le décès.

Un petit café ?

DÉTERMINE À QUELLE HEURE LA TASSE DE CAFÉ RETROUVÉE SUR LES LIEUX DU CRIME A ÉTÉ PRÉPARÉE.

IL TE FAUT :

- ***une tasse de café,***
- ***un thermomètre allant jusqu'à 100 °C,***
- ***un crayon,***
- ***du papier quadrillé,***
- ***une montre***

RELÈVE SA TEMPÉRATURE TOUTES LES 2 MINUTES, PENDANT 20 MINUTES.
- REPORTE CES DONNÉES SUR UN GRAPHIQUE (LE TEMPS SUR UN AXE HORIZONTAL, LA TEMPÉRATURE SUR UN AXE VERTICAL).
- DEMANDE À QUELQU'UN DE PRÉPARER UNE NOUVELLE TASSE DE CAFÉ, DE NOTER SECRÈTEMENT L'HEURE À LAQUELLE CELA A ÉTÉ FAIT, PUIS DE TE PASSER LA TASSE AU MOMENT DE SON CHOIX.
- DÉTERMINE, GRÂCE À TON GRAPHIQUE, QUAND LE CAFÉ A ÉTÉ PRÉPARÉ !

L'AUTOPSIE, UN ACTE AUSSI DÉLICAT QU'INCONTOURNABLE

L'AUTOPSIE CONSISTE À OUVRIR LE CORPS ET À EXAMINER LES DIFFÉRENTS ORGANES POUR DÉTERMINER LES CAUSES DU DÉCÈS.

Profession, médecin légiste

LE MÉDECIN LÉGISTE EST SPÉCIALISÉ EN MÉDECINE LÉGALE. IL DÉPEND D'UNE FACULTÉ DE MÉDECINE ET NON DE LA POLICE. IL RÉALISE LES AUTOPSIES SUR ORDRE D'UN MAGISTRAT, MAIS SON RÔLE NE SE LIMITE PAS À L'ÉTUDE DES MORTS (LA THANATOLOGIE). IL EXAMINE AUSSI LES BLESSÉS (LA VICTIMOLOGIE). IL PEUT ÊTRE AMENÉ À CONSTATER L'ÉTENDUE DES PRÉJUDICES SUBIS PAR LA VICTIME D'UNE AGRESSION, PAR EXEMPLE.

PREMIÈRE EXPERTISE

Transporté à l'Institut médico-légal, le corps est d'abord conservé en chambre froide. Puis le médecin légiste procède à un examen méticuleux de la victime afin de déceler les traces de violence : hématomes, coups de couteau, impacts de balle… Il prélève également des cheveux, des échantillons de muqueuse buccale et génitale, et racle les ongles. En cas de lutte, les ongles de la victime ont pu arracher des fibres de vêtements ou même des fragments de peau de l'assaillant.

LA VICTIME AU SCALPEL

Dans un deuxième temps, le médecin procède à l'ouverture du thorax et sectionne les côtes pour accéder aux organes. Cœur, poumons, reins, foie, sont extraits du corps puis pesés. Leur aspect révèle d'éventuelles maladies. Le médecin légiste dissèque les organes et procède à l'analyse microscopique. Il ponctionne également sang, urine et liquide gastrique pour détecter des traces de poison.

ET LA TÊTE ?

Le crâne du défunt n'échappe pas non plus au scalpel du médecin, ou plutôt à sa scie ! La boîte crânienne est découpée pour en extraire le cerveau. Ce dernier est pesé puis découpé en fines tranches pour être étudié. Cet examen permet de détecter un caillot de sang ou une hémorragie consécutive à un choc violent.

NI VU NI CONNU

Le travail du médecin légiste n'est pas tout à fait terminé. Avant de restituer le corps aux proches, il se doit bien sûr de le rendre à nouveau présentable. Tous les organes, cerveau compris, sont replacés dans leur emplacement d'origine et les incisions recousues. Le médecin établit un rapport complet, mais malgré cet examen minutieux, il ne parvient pas toujours à établir les causes du décès. Les enquêteurs doivent alors étudier les autres indices en leur possession pour espérer reconstituer les faits.

LES INSECTES À LA RESCOUSSE

LES INSECTES SONT LES PREMIERS À DÉCOUVRIR LE CADAVRE. CES PIQUE-ASSIETTES PEU RAGOÛTANTS FOURNISSENT DE PRÉCIEUSES INFORMATIONS AUX ENQUÊTEURS.

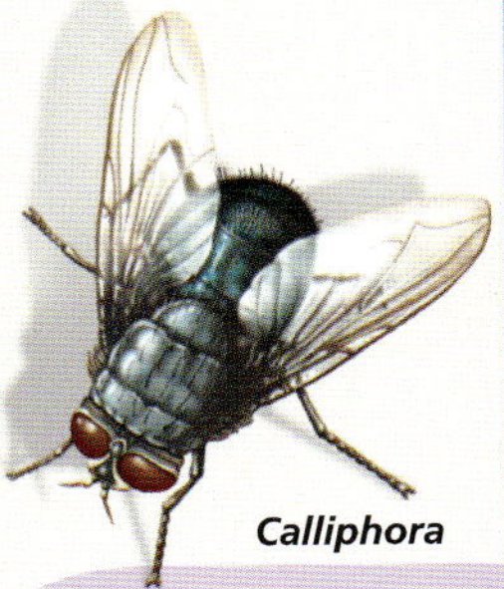

Calliphora

Quand les mouches mouchardent !

CES PETITES BÊTES PERMETTENT AUSSI D'ÉTABLIR SI LE CORPS A ÉTÉ DÉPLACÉ, EN COMPARANT LES INSECTES PRÉSENTS SUR LE CADAVRE ET DANS LE LIEU OÙ IL A ÉTÉ RETROUVÉ. CES GLOUTONS DONNENT PARFOIS MÊME DES PISTES SUR LES CIRCONSTANCES DE LA MORT. UNE ANALYSE DES LARVES PEUT RÉVÉLER UNE ÉVENTUELLE INGESTION DE POISON OU DE DROGUE.

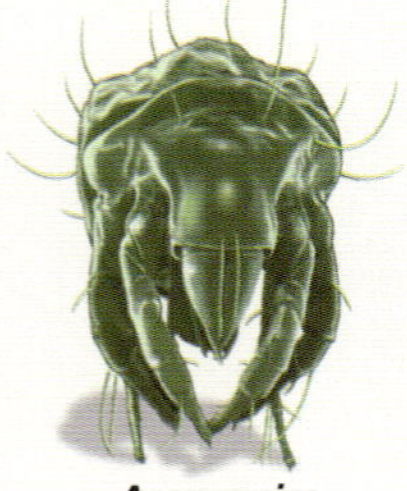

Acarus siro

LES INSECTES PASSENT À L'ATTAQUE

Lorsque la décomposition du corps commence, les effluves qu'il dégage attirent les premières mouches. Elles pondent allègrement dans ce garde-manger providentiel pour leurs larves. Puis, l'odeur se modifie, chassant les premières mouches pour attirer d'autres bestioles. Les insectes nécrophages se succèdent ainsi sur le cadavre jusqu'à ce qu'il ne lui reste plus que les os et les dents !

LA DATATION DU DÉCÈS

Pour passer de l'état d'œuf à celui de larve puis d'insecte, une mouche a besoin d'accumuler une certaine quantité d'énergie sous forme de chaleur. Cette quantité est spécifique à chaque espèce. Ainsi, en recoupant les données qui concernent les conditions climatiques du lieu, le type d'insectes prélevé et leur stade de développement, l'entomologiste (spécialiste des insectes) estime approximativement le moment de la mort.

DIS-MOI QUI TU ES

Au laboratoire, le premier travail de l'entomologiste consiste à déterminer les espèces d'insectes prélevés. Un premier lot de larves est plongé dans de l'alcool puis observé au microscope. L'examen de leurs appareils respiratoires et de leurs bouches permet de faire les premières hypothèses. Un deuxième lot est placé dans un incubateur, une sorte de couveuse, afin que les larves achèvent leur croissance. En effet, adultes, les mouches sont bien plus faciles à identifier.

Dermestes lardarius

Les escouades de la mort

LES INSECTES COLONISENT LE CADAVRE DANS UN ORDRE BIEN PRÉCIS. LES ENTOMOLOGISTES ONT DÉFINI 8 VAGUES SUCCESSIVES, APPELÉES ESCOUADES. VOICI CELLES QUI INTERVIENNENT LA PREMIÈRE ANNÉE. LES PLUS VORACES... !

	Temps depuis le décès	Exemples d'espèces	Particularités
Escouade 1	0 à 3 mois	Mouches bleues type *Calliphoridae*	Elles arrivent juste après la mort, avant l'apparition des premières odeurs.
Escouade 2		Mouches *Sarcophagidae*	Elles débarquent dès que les premières odeurs se font sentir.
Escouade 3		Coléoptères *Dermestidae*	Ils adorent les graisses rances.
Escouade 4	3 à 6 mois	Mouches *Piophilidae*	Elles sont attirées par l'odeur de vieux fromage dégagée par le cadavre.
Escouade 5	4 à 8 mois	Coléoptères *Necrophorus, Histeridae*	Ils apparaissent lorsque le corps, par fermentation, dégage une odeur d'ammoniac.
Escouade 6	6 à 12 mois	Acariens et arachnides	Ils entreprennent les derniers grands travaux de nettoyage.

Qu'est-ce que c'est ?

C'est de la peau humaine grossie 500 fois.

FAIRE PARLER LE CORPS

LORSQU'UN CADAVRE EST DÉCOUVERT, LA PREMIÈRE QUESTION À LAQUELLE LES ENQUÊTEURS ESSAYENT DE RÉPONDRE EST : QUI EST-CE ?

Remodeler un visage

POUR RETROUVER LE VISAGE D'UNE VICTIME, LA POLICE FAIT PARFOIS APPEL À DES SCULPTEURS ! CERTAINS POINTS DU VISAGE, ENTRE LES YEUX PAR EXEMPLE, POSSÈDENT UNE ÉPAISSEUR DE TISSUS STANDARD, EN FONCTION NOTAMMENT DE L'ÂGE ET DU SEXE. EN PARTANT DE CES MESURES CONNUES, ILS CONSTRUISENT AVEC DE L'ARGILE LE VISAGE SUR LE MOULAGE DU CRÂNE. ET LA RESSEMBLANCE EST PARFOIS ÉTONNANTE !

MÉCONNAISSABLES...

Un cadavre repêché dans une rivière, des corps dispersés par un crash aérien, des ossements découverts dans un jardin… Le point commun entre ces différentes affaires : les victimes sont souvent méconnaissables. Pour parvenir à les identifier, les policiers vont recouper toutes les informations à leur disposition : témoignage des proches, signes distinctifs (alliance, cicatrice, tatouage…), empreintes, historique médical (prothèse ou membre fracturé dans le passé de la victime).

LES SECRETS DES SQUELETTES

Les os s'épaississent et se densifient en vieillissant. Les spécialistes disposent ainsi d'indicateurs pour déterminer l'âge d'un squelette et son sexe. Le bassin d'un homme est plus étroit que celui d'une femme et la forme de son crâne différente. L'analyse précise des ossements permet également de repérer d'éventuelles marques de violence, et d'en déduire parfois les causes de la mort.

C'EST DU SOLIDE !

Plus dures encore que les os, les dents constituent les éléments les plus résistants du corps humain. Elles ne se décomposent pas et ne brûlent pas. L'odontologiste compare la dentition du cadavre ou l'empreinte laissée par une morsure, avec des documents récoltés auprès des proches tels que les radiographies ou le dossier du dentiste, qui mentionne systématiquement les particularités de son patient : dents manquantes, caries, plombages…

CE QUE RACONTENT LES DENTS

L'odontologiste peut déduire l'âge d'un enfant grâce au développement de ses dents ou celui d'un adulte en étudiant le vieillissement de sa dentition et en procédant à une analyse biochimique de son émail. Le sexe d'un cadavre peut aussi être déterminé grâce à la forme de sa dentition. En outre, chaque traumatisme laisse son empreinte dans les dents et ceci, depuis le premier « choc » de la vie, à savoir : la naissance. Le spécialiste peut ainsi détecter une mort brutale ou un empoisonnement.

DU BOUT DES DOIGTS

LES EMPREINTES DIGITALES DONNENT UNE TELLE RICHESSE D'INFORMATIONS SUR NOUS QU'ELLES SONT EN QUELQUE SORTE NOTRE SIGNATURE.

COMMENT SE FORMENT-ELLES ?

Ta peau est parsemée de petits trous, les pores. Par ces pores s'écoulent la sueur, des sécrétions grasses et de petits déchets. Ce mélange se dépose sur tous les objets que tu touches en laissant les dessins présents sur le bout de tes doigts. Les empreintes ainsi formées peuvent persister pendant plusieurs années.

EMPREINTE DIGITALE, UNE SIGNATURE UNIQUE

En observant le bout de tes doigts, tu peux voir qu'ils sont parcourus par une multitude de petits sillons. Ces dessins n'appartiennent qu'à toi. Il est absolument impossible de rencontrer une autre personne au monde ayant ces mêmes empreintes. Même chez les jumeaux, cette signature est différente.

L'ARRIVÉE DES EMPREINTES DANS LA POLICE

Il y a près de 5 000 ans, les commerçants de Babylone faisaient signer leur client en imprimant l'empreinte de leur doigt dans une tablette d'argile. Mais il faudra attendre la fin du XIXe siècle pour que les empreintes digitales soient utilisées par la police afin d'identifier des personnes. Aujourd'hui encore, cette technique est la plus utilisée.

LES AUTRES EMPREINTES

Un malfaiteur peut aussi laisser d'autres empreintes sur le lieu de son forfait, pour lequel il est souvent moins vigilant. Comme celles des doigts, les empreintes de pieds, de dents, de lèvres, et même d'oreilles sont spécifiques à chaque personne. Ainsi, le cambrioleur qui collera son oreille à la fenêtre pour guetter les bruits dans une habitation ou qui aura l'imprudence de boire un verre d'eau avant de s'éclipser pourra être confondu !

Bien avant la naissance

TES EMPREINTES SONT APPARUES ALORS QUE TU ÉTAIS ENCORE DANS LE VENTRE DE TA MÈRE. ELLES SE DESSINENT EN EFFET DÈS LE QUATRIÈME MOIS DE GROSSESSE POUR NE PLUS SE MODIFIER. SEULES LES BLESSURES PROFONDES ET LES BRÛLURES SONT SUSCEPTIBLES DE LES ENDOMMAGER. EN OUTRE, ELLES PEUVENT SE CONSERVER QUELQUES JOURS À PLUSIEURS MOIS APRÈS LA MORT. CELA DÉPEND DES CONDITIONS CLIMATIQUES ET DU LIEU OÙ SE TROUVE LE CADAVRE (DANS L'EAU, SUR TERRE, SOUS TERRE...).

LES EMPREINTES : DE LA SCÈNE DU CRIME AU LABO

LE TALENT DE L'ENQUÊTEUR CONSISTE À DÉTECTER LES EMPREINTES INVISIBLES À L'ŒIL NU, PUIS À LES FAIRE APPARAÎTRE.

POUDRE MAGIQUE

Certaines empreintes de doigts sont très nettes sur les lieux d'un crime. D'autres, invisibles à l'œil nu, sont appelées empreintes latentes. La méthode la plus courante pour les faire apparaître est d'appliquer avec un pinceau une poudre très fine sur l'objet susceptible d'avoir été touché. Cette poudre, sombre ou claire en fonction du support étudié, se fixe sur les dépôts gras laissés par les doigts. L'empreinte peut ensuite être relevée avec du ruban adhésif.

ARSENAL CHIMIQUE

Lorsque la technique de la poudre est inefficace, comme sur les surfaces poreuses telles que le papier ou le carton, la chimie vient à la rescousse. Il s'agit de faire réagir un produit chimique avec les éléments présents dans la transpiration. La super glue, par exemple, est fréquemment utilisée. L'évaporation de la colle en milieu humide produit un dépôt blanc qui se fixe sur les empreintes.

Relève tes empreintes digitales

IL TE FAUT :

• un verre • un pinceau très fin • du charbon à barbecue finement broyé ou de la poudre de graphite • du scotch • une feuille de plastique type intercalaire

- APOSE TES DOIGTS SUR LE VERRE POUR LE MARQUER DE TES EMPREINTES.
- AVEC LE PINCEAU, DÉPOSE TRÈS DÉLICATEMENT LA POUDRE.
- SOUFFLE POUR ÉLIMINER LE SURPLUS DE POUDRE. TES EMPREINTES APPARAISSENT !
- FIXE-LES ENSUITE SUR UN MORCEAU DE SCOTCH PUIS COLLE-LES SUR LA FEUILLE PLASTIQUE.

LE PARFAIT ENQUÊTEUR

DANS LA GENDARMERIE, ON LES APPELLE LES « LAPINS BLANCS ». LES TECHNICIENS QUI OPÈRENT SUR LA SCÈNE DU CRIME SONT DOTÉS D'UN ATTIRAIL DES PLUS COMPLETS.

VIGILANCE MAXIMUM !

Un cheveu égaré par un policier ou un simple postillon peut suffire à brouiller les pistes. Le souci numéro un de tout enquêteur est donc de préserver l'intégrité des indices, c'est-à-dire d'éviter leur contamination par des éléments extérieurs. Si les jurés, les avocats ou le juge ont le moindre doute quant à la façon dont un indice a été prélevé, ils refuseront qu'il soit versé au dossier et qu'il serve de preuve lors du procès.

MATÉRIEL PRÊT À L'EMPLOI

Pour ne pas perdre une minute, les policiers arrivent sur place avec une mallette de prélèvement. En plus des tenues, elle contient : poudres, brosses et rubans adhésifs, sacs, tubes en verre, scalpel, pinces à épiler, mètre, loupe… Ils disposent également de véhicules spéciaux équipés de matériel photographique, de détecteurs de métaux, de kits pour réaliser les moulages d'empreintes et de tout un tas d'outils.

SOUS LES FEUX DES PROJECTEURS

Les enquêteurs utilisent également diverses techniques d'éclairage pour révéler les empreintes. Une simple lumière blanche dirigée vers une vitre permet d'observer les traces. D'autres lampes plus sophistiquées, comme la lumière ultraviolette, sont couplées aux traitements chimiques. Les empreintes ressortent alors colorées, brillantes, voire fluorescentes.

DERNIÈRE ÉTAPE : L'IDENTIFICATION

Les empreintes relevées sont ensuite comparées avec celles d'un suspect ou avec le fichier automatisé des empreintes digitales, le FAED. Ce fichier répertorie plus de 2 millions et demi de personnes ayant déjà eu affaire à la police. En France, pour être considérées comme identiques, deux empreintes doivent au moins coïncider sur douze détails appelés minuties. Ce nombre varie d'un pays à l'autre.

Zoom sur trois détails d'une empreinte digitale.

L'EMPREINTE GÉNÉTIQUE : UNE ARME PRESQUE INFAILLIBLE

DÉCOUVERTE EN 1984 PAR SIR ALEC JEFFREYS, L'EMPREINTE GÉNÉTIQUE A RÉVOLUTIONNÉ LE TRAVAIL DES ENQUÊTEURS.

Empreinte génétique, mode d'emploi

CERTAINES PORTIONS DU FILAMENT D'ADN VARIENT BEAUCOUP D'UN INDIVIDU À L'AUTRE. SI ON ÉTUDIE CES PORTIONS PARTICULIÈRES SUR UNE PAIRE DE CHROMOSOMES, ON VOIT QUE DES GROUPES DE LETTRES SE RÉPÈTENT, ATC PAR EXEMPLE, MAIS EN NOMBRE DIFFÉRENT D'UN CHROMOSOME À L'AUTRE. CAR, RAPPELONS-LE, UN CHROMOSOME PROVIENT DU PÈRE, L'AUTRE DE LA MÈRE. POUR ÉTABLIR L'EMPREINTE GÉNÉTIQUE D'UNE PERSONNE, LES SCIENTIFIQUES COMPTENT LES RÉPÉTITIONS DE SÉQUENCE DE 7 CHROMOSOMES DE RÉFÉRENCE.

L'ADN, QU'EST-CE QUE C'EST ?

Chacune de tes cellules, à l'exception des globules rouges, renferme une longue molécule, l'ADN (acide désoxyribonucléique). C'est une sorte de message codé, obtenu par la combinaison de 4 lettres (A, T, G et C), qui s'enchaînent dans un ordre différent selon les individus. Cet ADN forme tes chromosomes qui portent les informations déterminant toutes tes caractéristiques. Chaque cellule abrite 2 séries de 23 chromosomes. Une série provient de ta mère, l'autre de ton père.

Empreinte génétique de Zoé : paire de chromosomes CHR3 de Zoé

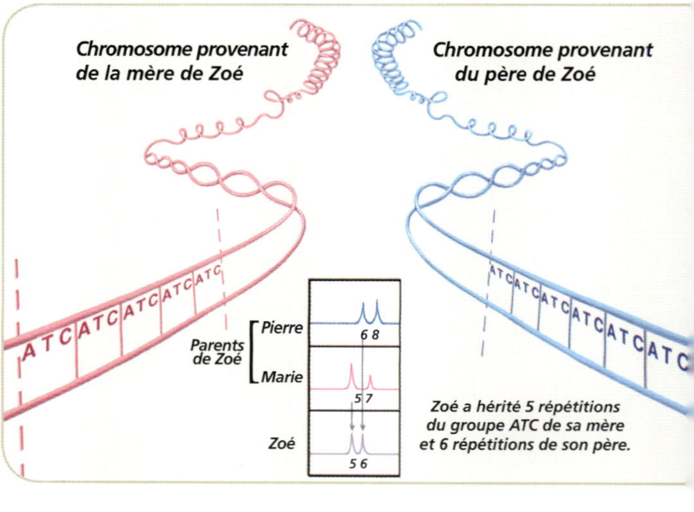

COMMENT OBTIENT-ON UNE EMPREINTE ?

Ce qu'il y a de pratique avec l'ADN, c'est qu'il suffit d'en retrouver une quantité infime sur les lieux du crime pour l'analyser : un peu de salive sur un mégot, une traînée de sang, une trace de sperme, de sueur, un cheveu, un poil, un fragment de peau : direction le laboratoire. Là, l'ADN est extrait, copié plusieurs millions de fois et analysé.

INNOCENT OU COUPABLE ?

L'empreinte retrouvée sur les lieux d'un crime est ensuite comparée, soit avec celle d'un éventuel suspect, soit avec le fichier national automatisé des empreintes génétiques. Ce fichier répertorie toutes les personnes condamnées ou mises en cause dans une affaire par des indices graves et concordants. Cette comparaison permet aussi bien de confondre une personne que de la disculper. Il existe toutefois une exception : en effet, les vrais jumeaux ont exactement la même empreinte génétique. Dans ce cas, seule l'empreinte digitale permet de les différencier.

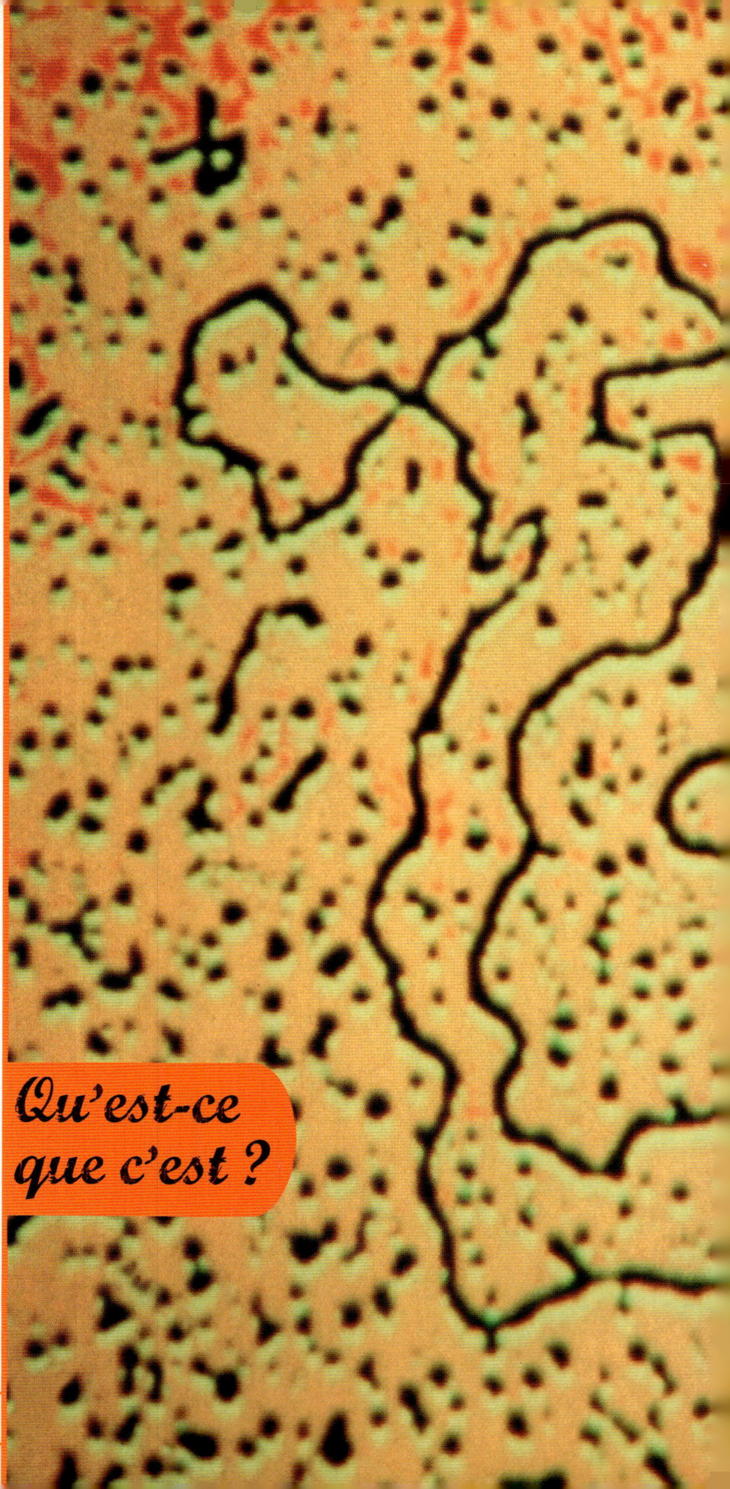

Qu'est-ce que c'est ?

C'est un filament d'ADN déroulé, observé au microscope électronique.

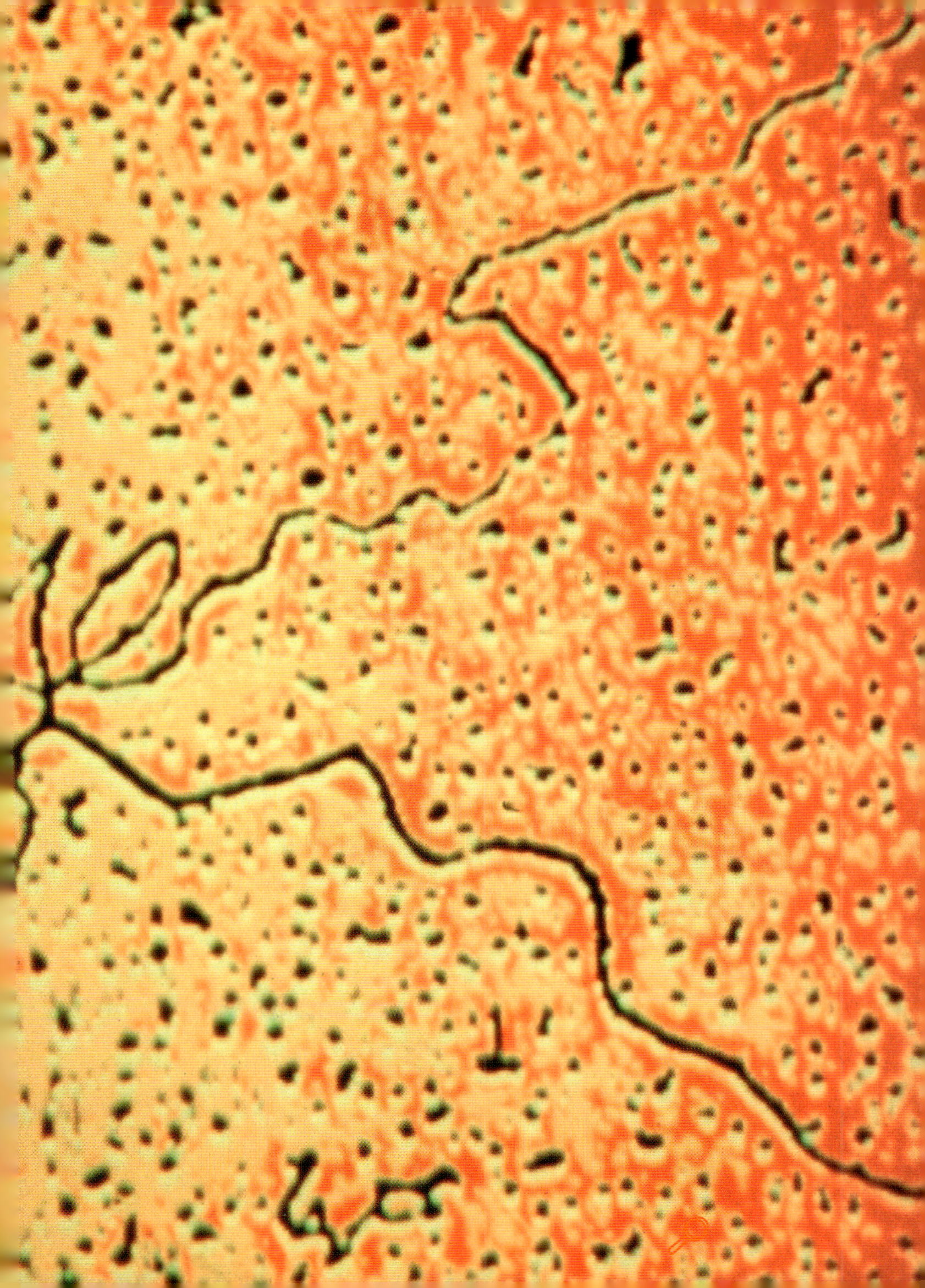

QUAND LES POILS S'EN MÊLENT

UNE PERSONNE PERD SOIXANTE À CENT CHEVEUX PAR JOUR. AUTANT DIRE QUE POILS ET CHEVEUX TRAÎNENT FRÉQUEMMENT SUR LES LIEUX D'UN CRIME !

PROVENANCE HUMAINE OU ANIMALE ?

Comment être sûr que les poils retrouvés ne sont pas ceux d'un chien ou d'un chat ? Il suffit pour cela de les observer avec un simple microscope, car un poil humain n'a pas du tout la même morphologie qu'un poil d'origine animale : forme et structure diffèrent. Et si jamais il provient d'un animal, le scientifique pourra même en déterminer l'espèce !

À CHAQUE POIL SA FORME

Sourcils, poils pubiens, duvet ou cheveux, chaque type de poil a sa spécificité. Si un examen au microscope permet d'en déterminer la provenance, la technique a toutefois ses limites : il est quasiment impossible de savoir si un cheveu provient d'un homme ou d'une femme. En revanche, sa forme renseigne sur l'origine ethnique de son propriétaire : occidentale si le cheveu est de section ovale, originaire d'Afrique noire si le cheveu est elliptique.

La science au service de l'Histoire

LE 9 FÉVRIER 1450, AGNÈS SOREL, LA MAÎTRESSE FAVORITE DU ROI DE FRANCE CHARLES VII, RESSENT DE VIVES DOULEURS AU VENTRE ET MEURT EN QUELQUES HEURES. CINQ SIÈCLES PLUS TARD, EN 2004, DES SCIENTIFIQUES PRÉLÈVENT SUR SA DÉPOUILLE DES POILS D'AISSELLES ET DES CHEVEUX. LES ANALYSES RÉVÈLENT QUE LA BELLE FUT EMPOISONNÉE AU MERCURE. PAR QUI ? LÀ, LE MYSTÈRE DEMEURE...

QUE RÉVÈLENT-ILS ?

L'examen attentif d'un poil ou d'un cheveu donne une multitude d'indices. L'expert étudie de près sa couleur, sa forme, son diamètre, la présence éventuelle de coloration, de teinture, le blanchiment. Autant d'éléments qui permettent de connaître l'âge, le sexe de son propriétaire, la nature de ses cheveux et les soins qu'il y apporte. L'étude au microscope détermine également si un cheveu a été arraché, révélant des traces de lutte.

DES TRACES DE DROGUE ET D'EMPOISONNEMENT...

Comme les dents, cheveux, poils et ongles gardent en mémoire les événements traumatisants de la vie ou la consommation de stupéfiants. La prise de cannabis, par exemple, laisse des lignes caractéristiques sur les cheveux, plusieurs semaines, voire plusieurs mois après ingestion. De la même façon, on peut révéler un empoisonnement en analysant les poils, les cheveux ou les ongles.

SANG OU KETCHUP ?

GRÂCE À DE SIMPLES TRACES DE SANG ON ARRIVE PARFOIS À IDENTIFIER UN COUPABLE OU À RECONSTITUER LE DÉROULEMENT D'UNE AGRESSION.

QUAND LE SANG SE DÉVOILE

Même en nettoyant la scène du forfait de fond en comble, l'agresseur le plus méticuleux aura bien du mal à faire disparaître complètement les taches de sang. Les enquêteurs parviennent à révéler les traces les plus infimes. Ils utilisent pour cela des lampes à ultraviolets ou des révélateurs chimiques, tels que le Luminol ou le BlueStar, qui réagissent avec le fer contenu dans l'hémoglobine du sang. Même diluée 100 000 fois, une goutte de sang prend alors une lueur bleu électrique.

PAS SI SIMPLE À IDENTIFIER

Il est facile de confondre une tâche de sang avec du ketchup ou du jus de fruit ! Des tests sont donc réalisés en laboratoire sur les échantillons prélevés sur la scène du crime afin de prouver la présence d'hémoglobine. Ensuite, reste à savoir s'il s'agit de sang humain ou animal. Pour cela, on utilise un sérum anti-humain (cf encadré).

Les composants du sang

LE SANG CONTIENT ENTRE AUTRES DES GLOBULES ROUGES (QUI RENFERMENT L'HÉMOGLOBINE) ET DES ANTICORPS. LES ANTICORPS SONT DES MOLÉCULES QUI SE FIXENT SUR LES INTRUS POUR LES COMBATTRE. SI L'ON INJECTE À UN ANIMAL DU SANG HUMAIN, IL VA PRODUIRE DES ANTICORPS ANTI-HUMAINS. LE LIQUIDE OU SÉRUM CONTENANT CES ANTICORPS SERT À TESTER LE SANG RETROUVÉ SUR LES LIEUX D'UN CRIME. S'IL S'AGGLUTINE EN PAQUETS, IL S'AGIT DE SANG HUMAIN. SINON, UN ANIMAL EST PASSÉ PAR LÀ !

LA DÉTERMINATION DU GROUPE SANGUIN

Chaque individu appartient à un groupe sanguin : A, B, AB ou O. Déterminer le groupe sanguin d'un échantillon prélevé donne des pistes supplémentaires à la police. Cette méthode permet de disculper un suspect si son sang est d'un groupe différent, mais elle est bien sûr insuffisante pour confondre un criminel, puisque plusieurs personnes peuvent avoir le même groupe sanguin.

DES TACHES QUI EN DISENT LONG

L'analyse des taches de sang fournit une aide précieuse aux enquêteurs. La forme, le nombre et la disposition des éclaboussures permettent en effet de reconstruire les événements. L'examen des traces indique la direction de la goutte et la force avec laquelle elle a été projetée. Les policiers peuvent alors calculer où se trouvaient l'agresseur et la victime au moment des faits.

La lecture des taches de sang

Types de marques	Scénario des circonstances de l'agression
Traces circulaires	La victime a reçu un coup dans le nez, puis son agresseur s'est sauvé.
Traînées	L'assassin a déplacé le cadavre jusqu'au coffre de sa voiture.
Traces projetées en brouillard	La victime a reçu une balle en plein cœur.
Traces projetées avec gouttes allongées	L'agresseur a frappé de plusieurs coups de couteau sa victime avant de détaler.

À LA TRACE

À LA MANIÈRE DU PETIT POUCET, LE CRIMINEL LAISSE DERRIÈRE LUI, SOUVENT SANS LE SAVOIR, DES TRACES MÊME INFIMES DE SON PASSAGE.

TRACES DE PAS

Les empreintes de pas fournissent de sérieux indices aux policiers. Car non seulement les semelles comportent des dessins particuliers permettant de retrouver la marque et le modèle de la chaussure, mais en plus les signes d'usure sont spécifiques à chaque individu. Les enquêteurs peuvent donc déduire des informations telles que la stature ou le poids du propriétaire de ces empreintes, voire les comparer avec les chaussures d'un suspect.

EMPREINTES DE PNEUS

Les traces laissées au sol par une voiture permettent au mieux de l'identifier, ou tout au moins d'éliminer les véhicules qui ne correspondent pas. À partir de la largeur de la roue, on peut dresser une liste de véhicules potentiels. En outre, comme pour les chaussures, l'empreinte d'un pneu révèle son modèle. Les enquêteurs comparent également les traces d'usure à celles des véhicules suspects.

Le pied dans le plat

RÉALISE TOI-MÊME UN MOULAGE DE TRACE DE CHAUSSURE

IL TE FAUT :

- ***4 bandes de carton pour entourer l'empreinte***
- ***du plâtre à prise rapide (magasin de bricolage)***

- FAIS UNE EMPREINTE DE TA CHAUSSURE DANS DE LA TERRE MOLLE.
- PLACE LES BANDES DE CARTON AUTOUR DE L'EMPREINTE.
- RECOUVRE COMPLÈTEMENT LA TRACE DE PLÂTRE.
- ATTENDS QUE LE PLÂTRE DURCISSE POUR PRÉLEVER TON EMPREINTE.

LES FRAGMENTS DE PEINTURE

Les traces de peinture laissées par une voiture lors d'un accident sont une aubaine pour les enquêteurs. En effet, la composition des peintures est spécifique à chaque constructeur. Ainsi, l'analyse en laboratoire aide à déterminer précisément le constructeur, et parfois même le modèle et l'année de fabrication !

DES OUTILS QUI SE TRAHISSENT

L'étude des traces laissées par un outil permet facilement de l'identifier : pied-de-biche, tournevis, scie, perceuse... En analysant de près ces traces, les enquêteurs parviennent même à deviner les petites imperfections des instruments. Un élément de plus pour remonter de la trace à l'outil et, pourquoi pas, de l'outil à son utilisateur !

ARMES À FEU ET MUNITIONS

À PARTIR D'UNE DOUILLE QUI TRAÎNE, LES BALISTICIENS, SPÉCIALISTES DES ARMES À FEU, SONT CAPABLES D'ÉCHAFAUDER TOUT UN SCÉNARIO !

CHAQUE ARME EST UNIQUE

Sur les lieux d'un crime par arme à feu, les enquêteurs recherchent tout d'abord les balles et les douilles expulsées lors du tir. Ces éléments vont permettre de remonter jusqu'au modèle d'arme utilisée. En effet, chaque arme a sa propre signature : à toutes les étapes du tir, elle laisse des traces très spécifiques. Le canon du revolver imprime sur la balle des stries, et le percuteur laisse son empreinte sur la douille.

LE BALISTICIEN AU LABORATOIRE

Afin de déterminer l'arme employée, on étudie les balles et les douilles prélevées. Si les enquêteurs ont retrouvé une arme suspecte, ils la testent en effectuant un tir dans un puits plein d'eau ou dans un tube en acier bourré de coton. Ces deux dispositifs permettent de récupérer facilement les balles. Les marques laissées sur celles-ci sont analysées avec attention et comparées avec les munitions retrouvées sur la scène du crime.

LA CHIMIE DE LA POUDRE

Lors d'un tir, la balle peut libérer un nuage de gaz caractéristique (plomb, baryum, antimoine…) dont les résidus se déposent sur la victime et sur le tireur. Leur concentration et leur répartition donnent des indications sur le déroulement des faits. Si le suspect affirme qu'il n'était pas présent lors des coups de feu alors que ses mains sont maculées de résidus, c'est qu'il ment.

OÙ ÉTAIT LE TIREUR ?

À partir des balles retrouvées dans le corps de la victime, des douilles au sol, de la vitesse estimée des projectiles, on tente de reconstituer les conditions de tir. L'aspect de la blessure de la victime donne également des indications sur la distance et la direction du tir. Une reconstitution peut alors être réalisée sur le lieu du crime, à l'aide de faisceaux laser, pour déterminer la position du tireur et de sa victime.

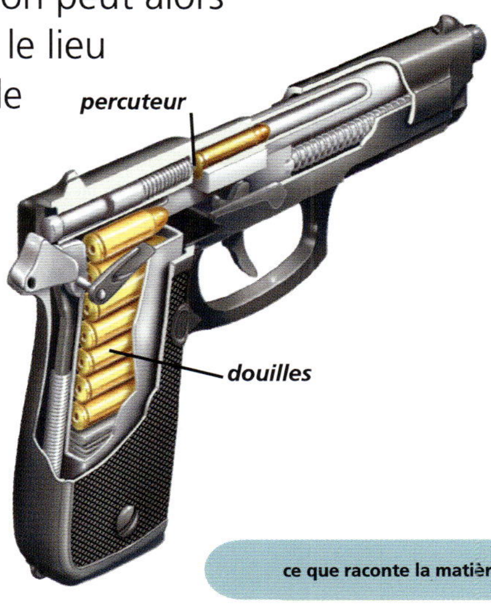

Coupe d'une arme semi-automatique.

Zoom sur les traces d'une arme à feu

- AU MOMENT DU TIR, LE PERCUTEUR IMPRIME SA TRACE SUR LA DOUILLE.
- L'INTÉRIEUR DU CANON EST SCULPTÉ DE SPIRALES AFIN QUE LA BALLE TOURNE SUR ELLE-MÊME ET SUIVE UNE TRAJECTOIRE RECTILIGNE. CES RAINURES, AINSI QUE LES IMPERFECTIONS DU CANON, MARQUENT LA BALLE AU MOMENT DE SON PASSAGE.
- UNE FOIS QUE LA BALLE EST PROPULSÉE, LA DOUILLE EST ÉJECTÉE. CE MÉCANISME LAISSE LUI AUSSI SON EMPREINTE. LA POSITION DE LA DOUILLE DONNERA DES INDICATIONS SUR LA POSITION DU TIREUR.
- DES RÉSIDUS DE TIR S'ÉCHAPPENT ET SE DÉPOSENT SUR LES MAINS ET LES VÊTEMENTS DU TIREUR ET SUR LA VICTIME.

FEU ET EXPLOSIFS

TOUT A BRÛLÉ. POURTANT, MÊME DANS UN AMAS DE CENDRES, LES POLICIERS PARVIENNENT À DÉTECTER LES ÉLÉMENTS QUI LES CONDUIRONT AU COUPABLE.

LE FOYER DE L'INCENDIE

La première chose qui préoccupe les enquêteurs est le lieu où a démarré l'incendie, son foyer. Pour le déterminer, ils étudient attentivement le site : au niveau du foyer, la chaleur résiduelle est plus intense et les dégâts plus importants. En outre, le feu se propage toujours du bas vers le haut. Les incendies accidentels n'ont souvent qu'un seul foyer, alors que les criminels sont en général déclenchés par plusieurs feux.

ACCIDENTEL OU CRIMINEL ?

Dans le cas des incendies volontaires, les incendiaires ont souvent recours à des accélérateurs, c'est-à-dire des substances qui brûlent facilement et qui accélèrent la combustion : allumettes, mégots, briquets, essence… Les policiers traquent tous les indices et les placent dans des bocaux hermétiques pour conserver les éventuelles vapeurs d'hydrocarbures tels que l'essence.

Traque à l'arnaque

LES MOBILES DES INCENDIES VOLONTAIRES SONT DIVERS : VENGEANCE, VOLONTÉ DE DISSIMULER LES TRACES D'UN CRIME OU BIEN L'ŒUVRE D'UN PYROMANE, UNE PERSONNE DÉSÉQUILIBRÉE QUI, FASCINÉE PAR LE FEU, ALLUME DES INCENDIES. MAIS UNE DES RAISONS LES PLUS CLASSIQUES EST L'ARNAQUE À L'ASSURANCE : PAR EXEMPLE, UN CHEF D'ENTREPRISE EN DIFFICULTÉ MET LE FEU À SON AFFAIRE AFIN DE RÉCUPÉRER LES FONDS VERSÉS PAR L'ASSURANCE.

DÉCOR CALCINÉ

Mais comment font les policiers pour retrouver des indices lorsque tout a brûlé ? Les tas de débris et de cendres, les traînées de fumée, la déformation des objets, absolument tous les éléments d'une scène leur donnent des indications. Les enquêteurs sont secondés par du matériel sophistiqué, comme le renifleur qui détecte les vapeurs d'hydrocarbures, ou le thermographe qui permet d'analyser la répartition des températures dans une zone sinistrée.

LE CAS DES EXPLOSIONS

On recherche également en priorité le foyer. C'est là que les enquêteurs ont le plus de chance de retrouver des traces de l'engin explosif utilisé. Les objets susceptibles de porter des traces d'explosifs, de la poudre par exemple, sont ensuite envoyés au laboratoire. Les résidus sont analysés grâce à un chromatographe gazeux, un appareil qui sépare les éléments de la substance explosive prélevée. Ensuite, un spectrographe de masse permet d'identifier les différents atomes qui la composent.

DES DÉTAILS QUI EN DISENT LONG

MÊME EN PRENANT TOUTES LES PRÉCAUTIONS, UN MALFAITEUR A DU MAL À NE PAS LAISSER DE TRACES.

LA TERRE ET LA POUSSIÈRE

La terre prélevée sous les chaussures d'une victime ou d'un suspect est comparée à celle du lieu supposé du crime. À l'aide de ruban adhésif, on relève également les poussières sur les vêtements de la victime. Analysés au microscope comparatif et au microscope électronique, ces échantillons permettent de reconstituer les déplacements du sujet et de déterminer si le corps a changé d'emplacement.

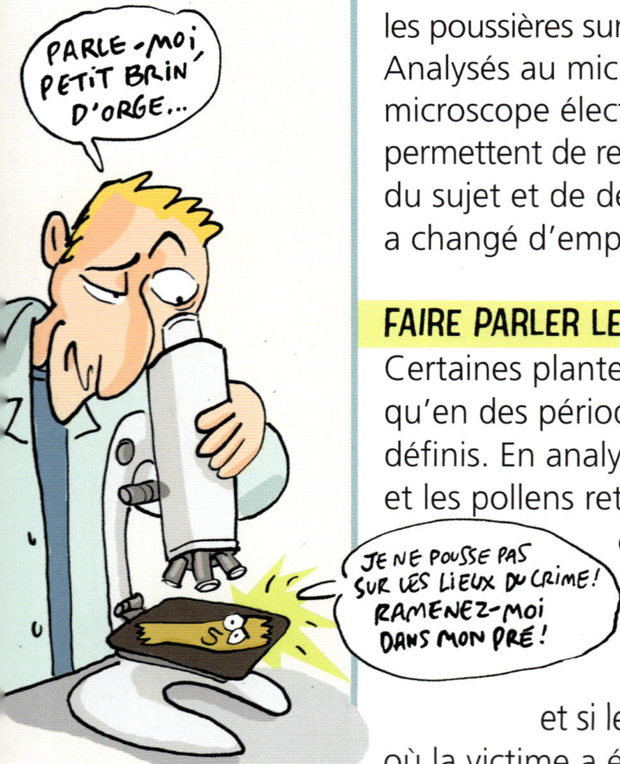

FAIRE PARLER LES PLANTES

Certaines plantes ne poussent qu'en des périodes et des endroits bien définis. En analysant les débris végétaux et les pollens retrouvés sur un suspect ou une victime, les enquêteurs peuvent savoir où la personne s'est rendue, à quel moment, et si le crime a eu lieu à l'endroit où la victime a été découverte.

LES FIBRES DES VÊTEMENTS

Des fibres de textile peuvent être prélevées sur les lieux du crime. Grâce au microscope et à une série de tests, on détermine leur nature (coton, laine, fibre synthétique), leur forme, leur composition chimique… Si les fibres sont identiques à celles des vêtements du suspect, cela constituera un élément de plus mais ce ne sera pas suffisant pour prouver sa culpabilité. Par contre, si l'on découvre sur la victime des fibres appartenant au suspect et inversement, là, l'étau se resserre !

QUAND LE VERRE VOLE EN ÉCLATS

Un minuscule éclat de verre a été retrouvé sur le suspect. Pour savoir s'il s'agit, par exemple, d'un morceau de la fenêtre brisée lors du cambriolage, on mesure d'abord l'indice de réfraction des deux échantillons (l'angle selon lequel la lumière est déviée). Cet indice étant commun à de nombreux verres, cela constitue une piste mais non une preuve. En revanche, si le fragment s'imbrique parfaitement avec ceux retrouvés sur la scène du crime, le rapprochement est évident. En effet, il est impossible que deux carreaux se brisent de la même façon. Et ce n'est même pas la peine d'essayer !

La main dans le sac !

LE MALFAITEUR A SOIGNEUSEMENT EMBALLÉ SON BUTIN DANS DES SACS POUBELLE. OR, UN ROULEAU DE SACS A ÉTÉ RETROUVÉ CHEZ LE SUSPECT. LE PROCESSUS DE FABRICATION DES SACS LEUR IMPRIME UNE SIGNATURE UNIQUE. SI TU EN AS À TA DISPOSITION, CONSTATE PAR TOI-MÊME. DÉROULE LE ROULEAU À LA LUMIÈRE, TU OBSERVES DES TRAÎNÉES PLUS CLAIRES. PROPRES À CHAQUE SAC, ELLES PERMETTENT MÊME D'ÉTABLIR LA SÉQUENCE DE FABRICATION DU ROULEAU.

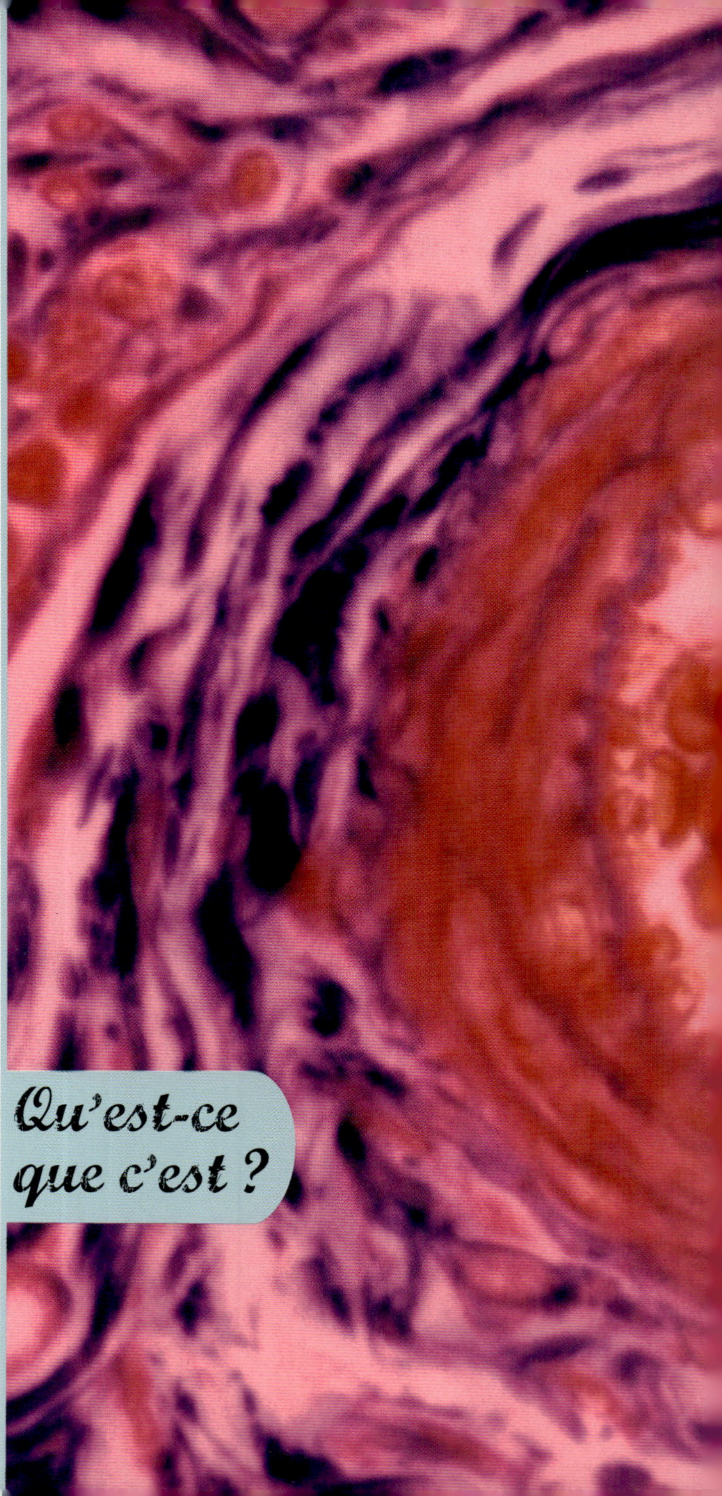

Qu'est-ce que c'est ?

C'est la coupe d'une artériole et du sang qu'elle véhicule.

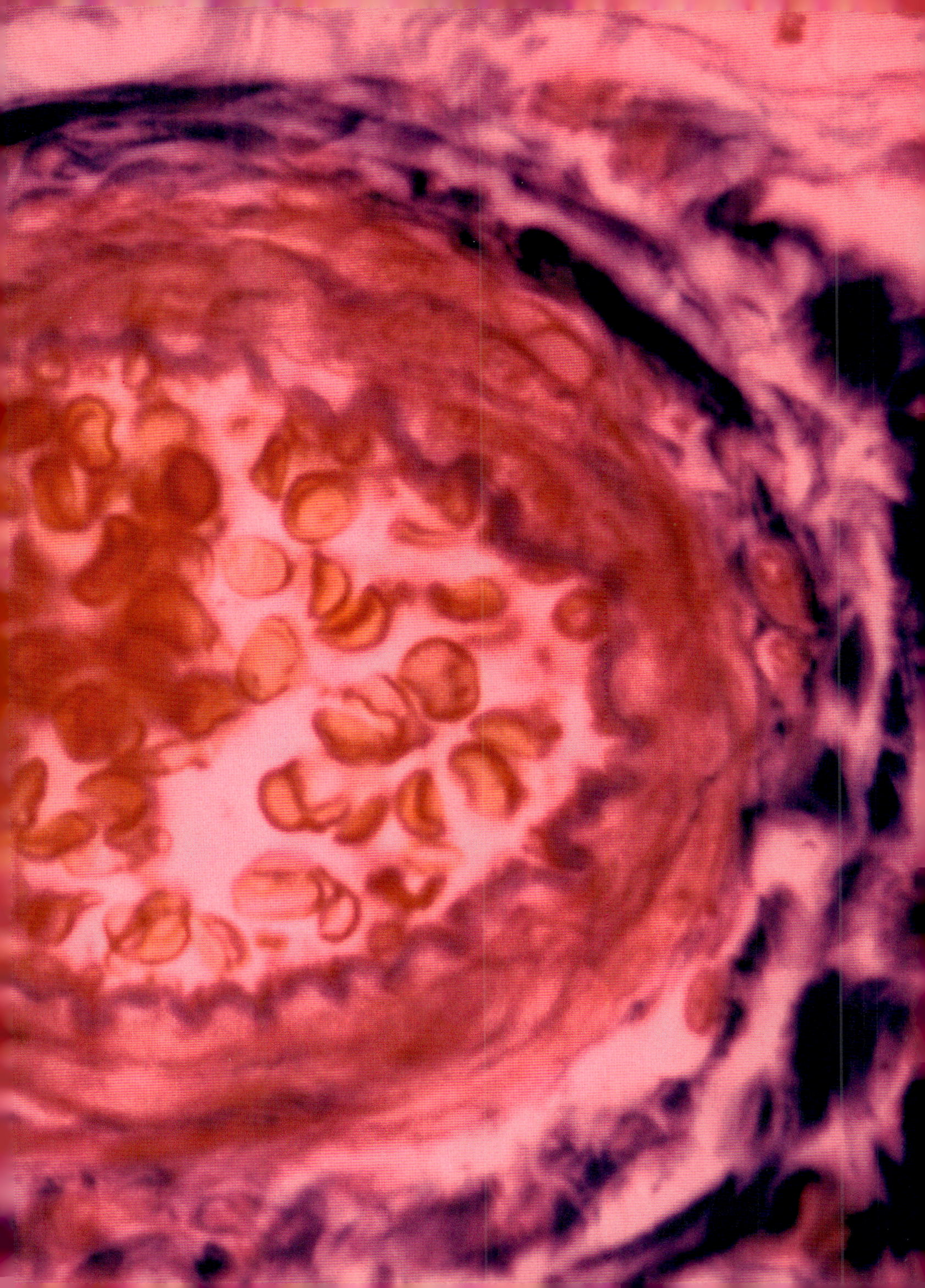

LE VISAGE DU MALFAITEUR

PARFOIS, LA RECHERCHE D'INDICES N'EST PAS CONCLUANTE. LES TÉMOINS JOUENT ALORS UN RÔLE MAJEUR !

LA SÉANCE D'IDENTIFICATION

Lorsque les enquêteurs ont un suspect, ils organisent une séance d'identification. Ils le placent parmi plusieurs figurants et demandent à un témoin s'il reconnaît le coupable. Mais les policiers doivent être très prudents. Le témoin aura tendance à désigner la personne qui ressemble le plus à l'auteur du délit ou du crime si ce dernier n'est pas présent. Le risque d'erreur est donc important.

PUZZLE FACIAL

Dans les années 1950, un procédé est mis au point pour reconstituer le visage d'un malfaiteur grâce aux souvenirs des témoins. C'est le portrait-robot. Il s'agit de former un visage à partir de trois bandes horizontales. La première représente les cheveux et le front, la deuxième les yeux et le nez, et la troisième la bouche et le menton. D'après les descriptions des témoins, les dessinateurs de la police élaborent également des portraits au crayon.

Le jeu des portraits-robots

- DEMANDE AUX PERSONNES DE TON ENTOURAGE DE TE FOURNIR UNE PHOTO D'IDENTITÉ.
- DÉCOUPE CHAQUE PHOTO AU-DESSUS DES YEUX ET SOUS LE NEZ POUR OBTENIR 3 BANDES HORIZONTALES.
- AMUSE-TOI MAINTENANT À COMPOSER DES VISAGES. TU VERRAS À QUEL POINT UN SEUL ÉLÉMENT PEUT MODIFIER L'APPARENCE D'UNE PERSONNE !

LA MODERNISATION DU PORTRAIT-ROBOT

Le portrait-robot manuel a progressivement été détrôné par le portrait-robot numérique. Le témoin choisit les caractéristiques du visage et des cheveux à partir d'une vaste base de données informatiques. Le policier qui supervise la réalisation du portrait retouche ensuite l'image pour qu'elle corresponde au mieux à la description du témoin.

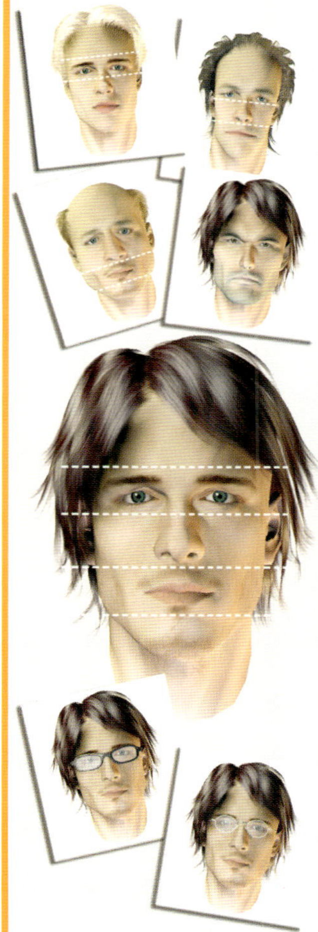

LA CHASSE AUX RÉCIDIVISTES

Pour identifier les délinquants récidivistes, la police technique et scientifique dispose également d'un fichier informatisé, appelé Canonge. Il répertorie les individus déjà arrêtés et renferme des données sur leur état civil, leurs particularités physiques (taille, poids, couleur des yeux...), signes distinctifs (cicatrices...), et le type d'infractions déjà commises. Un système d'entrées multiples permet alors d'identifier un suspect à partir des informations rapportées par les témoins.

SUR LA PISTE DES FAUSSAIRES

EN PASSANT AU CRIBLE DOCUMENTS FALSIFIÉS ET FAUX OBJETS, LES ENQUÊTEURS TENTENT DE REMONTER JUSQU'AUX MALFAITEURS.

DES FAUX TOUS AZIMUTS

La contrefaçon consiste à reproduire un objet alors que c'est interdit. Il peut s'agir de CD, de logiciels, de vêtements de marque ou d'accessoires de luxe (parfums, montres, sacs à main), d'objets d'art, de pièces ou de billets de banque, de passeports... La production de faux est rarement l'œuvre de personnes isolées, elle permet le plus souvent de financer des réseaux criminels bien organisés.

BILLETS BIEN PROTÉGÉS

Les billets de banque sont imprimés sur du papier particulier comportant des détails difficilement reproductibles. Un billet en euros par exemple, comporte un hologramme (figure brillante qui change de couleur en fonction de son orientation), et un filigrane (dessin incrusté dans le papier lors de sa fabrication). En outre, l'impression est réalisée en taille-douce, un procédé qui permet d'imprimer en relief. Si le faussaire omet un seul détail, l'enquêteur le détectera aussitôt au microscope.

PAPIER, ENCRE ET IMPRIMANTE

Les policiers étudient scrupuleusement l'encre et le papier des documents falsifiés. Leur composition chimique est ensuite comparée à un échantillon témoin, un billet authentique par exemple. On peut aussi déceler si des chiffres ont été ajoutés sur un chèque avec un autre stylo. De même, chaque imprimante ou photocopieuse comporte de petites imperfections qui lui confèrent une signature unique. On remonte ainsi facilement jusqu'au modèle, voire au propriétaire.

LES FAUSSES ŒUVRES D'ART

Pour repérer une œuvre authentique d'une copie, on analyse les pigments de peinture afin de connaître leur composition. Une radiographie révèle si une peinture est craquelée naturellement ou artificiellement. Les techniques d'éclairage aux rayons ultraviolets ou infrarouges font ressortir les retouches, et les matériaux apparaissent fluorescents avec des nuances de teintes en fonction de leur âge.

Le microscope, chouchou des laboratoires

QU'ILS UTILISENT UNE LOUPE QUI GROSSIT LES OBJETS JUSQU'À 10 FOIS, OU UN MICROSCOPE ÉLECTRONIQUE DONT LE GROSSISSEMENT FRÔLE LES 200 000, LES ENQUÊTEURS SCRUTENT LES MOINDRES DÉTAILS SANS ABÎMER LEURS ÉCHANTILLONS. ET LES FAUX N'Y ÉCHAPPENT PAS ! AVEC LE MICROSCOPE COMPARATIF, ON PEUT OBSERVER DEUX BILLETS EN MÊME TEMPS. LE MICROSCOPE POLARISANT, LUI, EN FILTRANT CERTAINES ONDES LUMINEUSES, PERMET D'IDENTIFIER, PAR EXEMPLE, LES CRISTAUX QUI FORMENT UNE ROCHE, UN ÉCHANTILLON DE TERRE, OU DE RÉVÉLER LES MATIÈRES QUI COMPOSENT UNE FEUILLE DE PLASTIQUE.

À LA RECHERCHE DU CORBEAU

DANS CERTAINES AFFAIRES, IL CONSTITUE LE PRINCIPAL SUSPECT. LES ENQUÊTEURS TRAQUENT DONC SANS RELÂCHE CET ANIMAL DE MAUVAIS AUGURE !

DRÔLE D'OISEAU !

Le corbeau est une personne dont les intentions ne sont pas des plus louables… Son arme ? La lettre ou le coup de téléphone anonyme, qu'il va utiliser pour dénoncer quelqu'un, proférer des insultes ou des menaces, harceler une personne ou demander une rançon. Son mobile ? Bien souvent, la vengeance ou la jalousie.

L'ÉTUDE DES ÉCRITURES

S'ils ont un suspect, les enquêteurs confrontent la lettre anonyme avec son écriture. Tout est minutieusement comparé : la forme, la taille des lettres, l'espacement entre les mots… Pour ne pas se laisser distraire, les experts ont une astuce : ils regardent les documents à l'envers ! S'ils n'ont aucun suspect, ils cherchent alors des indices dans le contenu même de la lettre : les tournures de phrase, le vocabulaire et même les fautes d'orthographe trahissent le sexe, la profession ou l'environnement social du corbeau.

Des policiers aveugles à l'écoute

POUR SON SERVICE D'ÉCOUTE TÉLÉPHONIQUE, LA POLICE BELGE COMPTE DÉSORMAIS DANS SES RANGS DES ENQUÊTEURS AVEUGLES ! DU FAIT DE LEUR HANDICAP, ILS ONT DÉVELOPPÉ DAVANTAGE LEURS AUTRES SENS, ET NOTAMMENT L'OUÏE. DOTÉS D'UNE CAPACITÉ DE CONCENTRATION EXCEPTIONNELLE, ILS SONT AUSSI PLUS SENSIBLES AUX TIMBRES DE VOIX, AUX ACCENTS ET PEUVENT DÉCELER DES DÉTAILS À PEINE PERCEPTIBLES (UN SOUFFLE, UN BRUIT DE FOND QUI DONNERA DES INDICATIONS SUR LE LIEU DE L'APPEL).

LA SIGNATURE VOCALE

La voix est produite par l'air qui sort des poumons. Au niveau du larynx, il fait vibrer les cordes vocales. Elles émettent alors un son, amplifié par la bouche et le nez. Ce son dépend des caractéristiques anatomiques de chaque personne. Il est donc unique et constitue une signature qui peut être analysée à des fins d'identification.

COMMENT LES VOIX SONT-ELLES ANALYSÉES ?

L'enregistrement d'une voix est analysé grâce à un sonagraphe, un appareil qui décompose les différents paramètres d'une voix : amplitude, fréquence, tonalité... On obtient alors un spectre propre à cette voix, c'est-à-dire une sorte de graphique, qui peut ensuite être comparé à un enregistrement de référence.

LES CHIENS POLICIERS, DE PRÉCIEUX ALLIÉS

LE CHIEN A UN ODORAT BIEN PLUS SENSIBLE QUE CELUI DE L'HOMME. IL EST DONC RÉGULIÈREMENT APPELÉ À TRAVAILLER AUPRÈS DES POLICIERS.

UN FLAIR REMARQUABLE

Doté de 20 fois plus de cellules olfactives que l'homme, un chien est capable de détecter quelque 100 000 odeurs, contre 10 000 tout au plus pour l'homme. Le champion toutes catégories dans le domaine est sans nul doute le berger allemand : il peut reconnaître l'odeur de son maître parmi 1 000 odeurs différentes !

DE MULTIPLES TALENTS

Ce flair exceptionnel fait du chien un collaborateur de choix pour les policiers. Bien dressé, il participe à la détection d'explosifs, de stupéfiants, d'armes et de munitions. Lors de grandes catastrophes, il est employé pour la recherche de personnes disparues ou de restes humains. Mais n'est pas chien policier qui veut. L'animal suit auparavant un entraînement de plusieurs mois pour assouplir son caractère, puis il se spécialise (recherche de personnes, d'explosifs, de produits stupéfiants).

L'ODOROLOGIE

Les chiens sont également mis à contribution pour analyser les empreintes olfactives sur la scène du crime. Car un criminel laisse presque toujours derrière lui des molécules odorantes qui lui sont spécifiques. Le policier recueille ces odeurs partout où elles sont susceptibles de s'être fixées (siège, volant, verre…) grâce à des bandelettes de coton. Stockées dans des flacons stériles, elles seront ensuite soumises au flair de ces renifleurs hors pair. Cette technique d'identification s'appelle l'odorologie.

LE CHIEN AU LABO

Lorsqu'un suspect est interpellé, son odeur est relevée puis comparée à celle retrouvée sur le lieu du crime. Ce travail, c'est le chien qui s'en charge. Dans un local, cinq flacons en verre sont placés devant lui. Seul un flacon contient l'odeur du suspect. Si le chien se couche devant le bon bocal, l'expérience est répétée au moins cinq fois et avec des chiens différents, avant d'en conclure que le suspect était bien sur les lieux de l'infraction.

Une technique venue de l'Est

L'IDENTIFICATION DES MALFAITEURS PAR LEUR ODEUR EST UTILISÉE EN FRANCE DEPUIS PRÈS DE 10 ANS. MAIS CETTE TECHNIQUE NE DATE PAS D'HIER. ELLE VIENT DE HONGRIE OÙ ELLE EST UTILISÉE DEPUIS 30 ANS. ET ELLE A FAIT SES PREUVES. PAR EXEMPLE, EN 2001 EN HONGRIE, 4 200 AFFAIRES ONT ÉTÉ RÉSOLUES DE CETTE FAÇON !

NOUVEAUX DÉLITS, NOUVELLES TECHNIQUES

POUR CONFONDRE LES GÉNIES DE L'INFORMATIQUE, LA POLICE PERFECTIONNE SANS CESSE SES TECHNIQUES D'INVESTIGATION.

LES CYBERCRIMINELS

Avec l'essor des technologies de pointe, de nouvelles formes de délits sont apparues. Les pirates informatiques, par exemple, s'introduisent dans les systèmes pour les endommager, pour récupérer des données ou détourner des fonds. D'autres utilisent le réseau Internet pour s'adonner à des activités illicites comme la pornographie enfantine.

FAIRE PARLER LES DISQUES DURS

Il est très difficile d'éliminer complètement un fichier d'un ordinateur. Même effacé, il peut subsister dans un recoin du disque dur. Lorsque les enquêteurs saisissent un ordinateur, ils en extraient les données. Ils réalisent pour cela une copie du disque pour ne pas risquer de détruire l'original. Les téléphones portables fournissent également une mine d'informations (date, heure des appels, localisation), s'ils sont manipulés avec précaution. En effet, une simple mise hors tension peut altérer ces données.

La balle espionne

LA POLICE TECHNIQUE ET SCIENTIFIQUE MET SANS CESSE AU POINT DE NOUVELLES TECHNIQUES. L'UNE DES DERNIÈRES VENUES N'EST AUTRE QU'UNE BALLE EN CAOUTCHOUC. SON ORIGINALITÉ ? DE LA TAILLE D'UNE BALLE DE TENNIS, ELLE RENFERME UNE MICRO CAMÉRA DIRIGEABLE À DISTANCE, ET DES CAPTEURS DE PRODUITS CHIMIQUES ET DE GAZ. ULTRA-RÉSISTANTE, ELLE PEUT ÊTRE LANCÉE SUR LES LIEUX D'UNE CATASTROPHE (SÉISME...) POUR REPÉRER LES VICTIMES, OU POUR ESPIONNER DES SCÈNES DE PRISE D'OTAGES.

SURVEILLANCE NUMÉRIQUE

La police dispose d'un arsenal pour surveiller sans être vue. Outre les systèmes de caméras de surveillance de plus en plus répandus, elle peut aussi placer sur écoute téléphonique des suspects, surveiller leur courrier électronique, installer des micros à leur domicile...

LA TRAQUE DES TUEURS EN SÉRIE

La mise en réseau des données par fichiers informatisés (empreintes digitales, ADN...) a permis à la police d'accroître considérablement son efficacité. On peut aussi citer, depuis 2002, le logiciel SAVAC qui compile les moindres détails relatifs aux affaires de tueurs en série. Un malfaiteur opérant souvent de la même façon, ce système permet de recouper rapidement plusieurs affaires potentiellement commises par la même personne.

ADN Abréviation d'acide désoxyribonucléique. Longue molécule en forme de double hélice présente dans toutes les cellules, qui porte les informations génétiques.

AUTOPSIE Examen médical d'un cadavre, externe et interne, afin de déterminer les causes de la mort.

BALISTICIEN Spécialiste de la balistique, la science qui étudie les armes à feu et le mouvement des projectiles.

ENTOMOLOGIE Science qui étudie les insectes.

FAUSSAIRE Personne qui fabrique des faux (monnaie, œuvres d'art, documents…).

HÉMATOME Accumulation de sang, le plus souvent sous la peau, faisant suite à une hémorragie.

HÉMOGLOBINE Substance contenue dans les globules rouges du sang et qui lui donne sa couleur.

HÉMORRAGIE Écoulement de sang hors des vaisseaux sanguins. Si le sang s'écoule par une blessure ou un orifice naturel, on parle d'hémorragie externe. S'il s'écoule à l'intérieur du corps, c'est une hémorragie interne.

INSECTE NÉCROPHAGE Insecte qui se nourrit de cadavres.

INSTITUT MÉDICO-LÉGAL Lieu où l'on examine un corps lorsque le décès est d'origine criminelle, considéré comme suspect, que la mort est survenue sur la voie publique ou que la victime n'a pas été identifiée.

MINUTIE Figure particulière lisible sur les empreintes digitales qui permet de les différencier.

ODONTOLOGIE Science qui étudie les dents.

ODOROLOGIE Technique d'identification des malfaiteurs par leur odeur.

PIRATE INFORMATIQUE Personne qui s'introduit de façon délictueuse dans un ordinateur pour récupérer des données ou endommager son système.

PUTRÉFACTION Décomposition d'un cadavre, par l'action de micro-organismes (bactéries).

RÉCIDIVISTE Personne qui commet de nouveau une infraction, alors qu'elle a déjà été condamnée dans le passé.

SPECTROGRAPHE DE MASSE Appareil qui permet de séparer, d'identifier et de dénombrer les atomes qui composent une substance en mesurant leur masse.

STUPÉFIANT Substance toxique (drogue), illégale ou soumise à réglementation, agissant sur le système nerveux et dont l'usage abusif peut provoquer des perturbations graves.

THANATOLOGIE Science qui étudie les cadavres.